Dalia M. Hamed

Análise do Discurso Autista

Dalia M. Hamed

Análise do Discurso Autista

Um Exame Prático Baseado na Cooperação Pragmática e na Coesão Discursivo

ScienciaScripts

Imprint

Any brand names and product names mentioned in this book are subject to trademark, brand or patent protection and are trademarks or registered trademarks of their respective holders. The use of brand names, product names, common names, trade names, product descriptions etc. even without a particular marking in this work is in no way to be construed to mean that such names may be regarded as unrestricted in respect of trademark and brand protection legislation and could thus be used by anyone.

Cover image: www.ingimage.com

Este livro é uma tradução do original publicado sob ISBN 978-620-2-52532-9.

Publisher:
Sciencia Scripts
is a trademark of
Dodo Books Indian Ocean Ltd., member of the OmniScriptum S.R.L Publishing group
str. A.Russo 15, of. 61, Chisinau-2068, Republic of Moldova Europe
Printed at: see last page
ISBN: 978-620-0-87247-0

Análise do Discurso Autista

Um exame prático baseado na cooperação pragmática e na coesão discursiva

POR

Dra. Dalia M. Hamed

2020

Índice

Agradecimentos

Exprimo o meu mais profundo sentimento de gratidão à minha mãe, Fariza Abo-Eissa, que Deus tenha piedade dela e abençoe a sua alma no futuro.

Uma Lista de Abreviaturas

O Princípio Cooperativo: O PC

Desordem do Espectro do Autismo: ASD

O Investigador: INV

A Criança Alvo: CHI

O Autor

Dalia Mohammed Hamed é professora de linguística no Departamento de Línguas Estrangeiras, Faculdade de Educação, Universidade de Tanta, Egipto. Ela está interessada em Análise Discursiva e Pragmática. O seu mestrado é uma análise estilística baseada na Pragmática. O seu doutoramento é uma análise comparativa dos discursos jurídicos em instituições jurídicas americanas e egípcias. A sua investigação alargada sobre a análise do discurso autista desencadeou o trabalho actual. O desejo de fazer dos estudos linguísticos um instrumento de ajuda às crianças que sofrem de Desordem do Espectro do Autismo é o principal objectivo por detrás desta investigação.

1. Prefácio introdutório

As bibliotecas, a imprensa escrita e as fontes electrónicas oferecem milhares de estudos que abordam diversas questões relacionadas com vários ângulos da vida. No entanto, parece que estas fontes atraem a atenção de investigadores e académicos que seleccionam, de entre os inúmeros livros e artigos, as escolhas que são relevantes para a sua área de conhecimento. As pessoas comuns dificilmente procuram informações fornecidas por livros ou investigações académicas. Alguns deles preferem utilizar a Internet para ter acesso à informação necessária, arriscando-se a esperar que algumas ligações em linha possam não ser fiáveis. Outros contornam questões relacionadas com o conhecimento e contentam-se em passar o seu tempo livre a fazer actividades em linha, como a conversação. As pessoas comuns sofrem normalmente de problemas que podem ser resolvidos pelo conhecimento. No entanto, raramente lêem sobre estes problemas. A razão não tem nada a ver com a disponibilidade dos dados; pode voltar à natureza dos dados oferecidos.

Apesar de estarem disponíveis fontes de informação digitais e impressas, muitas pessoas comuns podem abster-se de as verificar. Isto parece dever-se aos dados apresentados. Quando os dados são exibidos numa abordagem puramente teórica, quando são discutidos num estilo tão complicado que confunde os leitores ou quando lidam com problemas que não estão no centro das questões diárias e actuais, os dados perdem a atenção desejada. Assim, este trabalho tenta apresentar um exame - teórico e prático - de uma questão crucial, uma questão que preocupa milhares de famílias em todo o mundo: ter uma criança que sofre de perturbação do espectro do autismo e o problema de comunicação daí resultante.

A linguagem é um futuro único da humanidade, uma vez que distingue os seres humanos dos outros seres vivos. Aristóteles, o filósofo grego, acredita que o homem é, por natureza, um animal social. A palavra "social" refere-se à necessidade inevitável do ser humano de viver entre os seus semelhantes. Este meio social exige que os seres humanos desenvolvam competências que facilitem a sua comunicação social uns com os outros. Sem competências linguísticas, ninguém pode aprender, expressar as suas necessidades ou compreender os outros". Sem competências linguísticas, os seres sociais são mais como entidades inanimadas. É por isso que estas competências são predestinadas para um ser humano se ele quiser viver como um ser social num ambiente social. Consequentemente, este trabalho pretende lançar alguma luz sobre a linguagem praticada pelas crianças autistas relativamente à forma como estas crianças cooperam na conversa e conseguem usar laços coesivos no discurso.

Este trabalho integra duas áreas de estudos linguísticos: Pragmática e Análise do Discurso. Pragmática é o significado que é usado numa determinada situação. Por conseguinte, as mesmas palavras podem ter significados diferentes em situações diferentes. Uma contribuição importante para o campo da pragmática é a do filósofo da linguagem Paul Grice. Grice (1975) teorizou uma teoria de conversação baseada na convicção de que os interlocutores devem cooperar para que a conversa continue. Grice postulou também um princípio geral que rege a conversa, nomeadamente o Princípio Cooperativo (PC). De acordo com o PC, os interlocutores devem observar algumas máximas de conversação para que a sua conversa se possa desenvolver de forma cooperativa. Estas máximas, de acordo com Grice (1975) são as máximas de quantidade, qualidade, relação e maneira. Os oradores são obrigados a seguir estas máximas se pretendem colaborar na conversa.

O discurso refere-se a qualquer forma de comunicação social. Inclui linguagem verbal, desenhos visuais, linguagem corporal e todas as formas através das quais uma ideia ou uma mensagem pode ser expressa. As componentes do discurso, palavras ou imagens, devem desenvolver-se numa ordem sistémica. As peças linguísticas devem ser relacionadas de modo a que a peça anterior possa conduzir à peça seguinte. Isto faz com que as componentes do discurso sejam coesas entre si, com o resultado de facilitar a conversa. Halliday e Hasan (1976) explicaram alguns dispositivos coesivos que ajudam a fazer com que o discurso/conversação prossiga de forma suave e lógica. Estes dispositivos incluem referências, substituições, elipses, conjunções, reiterações, sinónimos, antónimos e palavras de significados associados.

Para que a sua linguagem seja facilmente assimilada, os falantes devem observar estes dispositivos de coesão discursiva.

Cooperação Conversacional/Pragmática e coesão do discurso são os critérios segundo os quais o discurso autista é medido e, consequentemente, avaliado. Estas duas abordagens são reunidas neste trabalho para analisar as práticas linguísticas relativas a seis crianças diagnosticadas com Desordem do Espectro do Autismo.

Este livro está dividido da seguinte forma. A primeira secção apresenta a natureza da Desordem do Espectro do Autismo e os seus problemas de comunicação relevantes. A secção apresenta igualmente as razões subjacentes a esta investigação no discurso autista. A segunda secção é uma ilustração da Pragmática com ênfase no Princípio Cooperativo e nas máximas coloquiais. A terceira secção é uma explicação das noções de discurso e análise discursiva. Discute também os laços de coesão. A quarta secção é uma representação da metodologia que será aplicada neste trabalho. A quinta secção é a aplicação prática da cooperação pragmática e da coesão discursiva na linguagem produzida pelas seis crianças autistas. A sexta secção discute a parte analítica. A sétima secção apresenta algumas observações finais.

Através deste prefácio introdutório, fiz uma tentativa de lançar alguma luz sobre os temas abordados neste livro. Tentei também explicar os meus objectivos para a preparação deste trabalho. Espero que o meu trabalho receba a vossa preocupação.

Dalia M. Hamed

Distúrbio do Espectro do Autismo e seus Problemas de Comunicação

Sendo uma característica exclusivamente humana, a linguagem é sobretudo um dispositivo de comunicação de ideias e de negociação de intenções e crenças. As mensagens comunicativas, por conseguinte, estão no centro das actividades quotidianas. Os seres humanos são criaturas sociais que dependem da linguagem para interagir uns com os outros. Esta característica distintiva da interacção linguística é uma vantagem inigualável. O mudo e o surdo têm a sua própria linguagem gestual especial e, consequentemente, encontraram uma saída para a sua condição particular, de modo a poderem comunicar as suas necessidades, desejos e aspirações. Mas, e aqueles que sofrem de uma perturbação neurológica que os impede de agir, reagir ou aprender como as pessoas comuns?

A Perturbação do Espectro do Autismo (DEA), uma perturbação do desenvolvimento e uma perturbação neurológica, tem um efeito grave no comportamento, interacção e comunicação. Os sintomas do autismo podem ser diagnosticados na primeira infância, mas duram durante a vida da pessoa. As crianças autistas têm dificuldades em qualquer forma de comunicação social. De acordo com o *Diagnostic and Statistical Manual of Mental Disorders* (*DSM-5*), um guia produzido pela Associação Psiquiátrica Americana, o ASD causa as seguintes deficiências:

1- Dificuldades de comunicação

2- Dificuldades de interacção

3- Práticas e comportamentos repetitivos

4- Incapacidade de desempenhar adequadamente os papéis sociais em jardins de infância, escolas e diversas áreas da vida (Disponível em https://www.psychiatry.org/psychiatrists/practice/dsm)

A Echolalia é um fenómeno da fala que se destaca no discurso autista. Echolalia é a imitação e repetição de sons, palavras e frases. Este eco de componentes da linguagem é um sintoma correlacionado com a Desordem do Espectro do Autismo. As pessoas autistas são incapazes de estabelecer contactos efectivos ou normais. Lutam muito para exprimir uma opinião: "Alguém com echolalia só pode ser capaz de repetir uma pergunta em vez de responder a ela". Em muitos casos, o echolalia é uma tentativa de comunicar, aprender uma língua ou praticar uma língua" (Disponível em https://www.healthline.com/health/echolalia).

Segundo Lowry (2016), a Echolalia é um sintoma psiquiátrico relacionado com pessoas autistas, mas pode ter um objectivo comunicativo:

1-To pedir **coisas**

2-To iniciar uma interacção ou mantê-la

3-To chamar a atenção de alguém para algo

4-Para protestar algo

5-To responder sim.

Sendo uma perturbação para toda a vida, a ASD torna necessário oferecer um certo tratamento às crianças autistas, numa tentativa de melhorar a capacidade de acção e reacção da criança. Assim, este estudo é uma tentativa de lançar alguma luz sobre o discurso das crianças autistas sobre a forma como elas empregam, ou não empregam, laços de coesão e observam, ou violam, o Princípio Cooperativo na conversa. Este é um passo preliminar para propor algumas sugestões que podem ajudar estas crianças a abordar os seus problemas e condições desafiantes no que diz respeito à comunicação discursiva.

Este trabalho tenta abordar o discurso das crianças autistas a partir de duas perspectivas. A primeira perspectiva é a da teoria pragmática da implicatura de Grice (1975). A pragmática trata do significado contextual ou significado na interacção. As palavras isoladas são usadas para transmitir um significado completamente diferente do de uma enunciação. Pragmática lida com aspectos de significado em contextos situacionais. Grice (1975) tem teorizado o Princípio Cooperativo (PC) que rege a conversa. Para que uma conversa se desenvolva, os oradores devem cooperar de alguma forma. Os máximos de cooperação, como postulado por Grice (1975), incluem quantidade, qualidade, relação e maneira. Qualquer violação deliberada destas máximas significa que o orador tem um significado implícito por detrás das palavras proferidas. No caso de crianças autistas, a máxima-violação é forçada devido à sua desordem neurodevelopmental. Consequentemente, a sua indisponibilidade para cooperar na conversa justifica-se com base na sua incapacidade de comunicação. A verificação das máximas violadas/observadas e a identificação das acções verbais cooperativas das crianças autistas são os principais pontos focais deste estudo.

A segunda perspectiva é a da coesão discursiva. Para que qualquer conversa decorra sem problemas e se desenvolva de uma forma bem organizada, é necessário utilizar laços de coesão do discurso. Halliday e Hasan (1976) consideraram que, para que qualquer peça do discurso seja comunicada eficazmente, têm de ser utilizados dispositivos coesivos para garantir a ordenação do discurso. Eles identificaram referências, substituição, elipse, conjunções e coesão lexical como sendo os principais dispositivos coesivos. A coesão lexical diz respeito ao significado no texto e refere-se ao uso da repetição, sinonímia, antonímia, hiponímia, metonímia e associação de palavras através da co-localização.

A detecção da (in)competência das crianças autistas com coesão discursiva e cooperação pragmática é uma fase introdutória para sugerir algumas pistas que podem ajudar estas crianças a enfrentar os seus casos críticos. Este trabalho visa, consequentemente, avaliar a observância, ou violação do Princípio da Cooperação nas interacções de conversação pelas crianças autistas (Grice, 1975). Além disso, o trabalho visa examinar a forma como as crianças autistas usam laços coesivos que são propostos por Halliday e Hasan (1976). Estas considerações fazem-nos diagnosticar com precisão alguns aspectos das deficiências linguísticas que as crianças autistas experimentam. Este diagnóstico é significativo no sentido em que o zoom sobre os problemas das crianças autistas na coesão discursiva e na cooperação conversacional abre o caminho para oferecer algumas soluções e propostas que podem diminuir as deficiências linguísticas destas crianças.

A competência comunicativa das crianças que sofrem da perturbação do espectro do autismo foi investigada por Tager-Flusberge Anderson (1991), que examinaram o discurso das crianças autistas em relação a categorias contingentes. Os rapazes autistas foram comparados com as crianças que sofrem de síndrome de Down. As afirmações das crianças foram analisadas em relação ao seu uso de várias categorias do discurso contingente. Os resultados provaram que crianças autistas foram consideradas mais não-contingentes, e que não mostraram nenhuma mudança no desenvolvimento de seus discursos contingentes.

Tager-Flusberg et al. (2005) investigaram o desenvolvimento da linguagem em crianças autistas. Explicaram que as perturbações da comunicação eram principalmente influenciadas por défices nas capacidades de processamento de informação e na forma como as pessoas se comportavam nas interacções sociais. Concluiu-se que estes défices devem ser tratados de forma a remediar as perturbações da comunicação autistas.

Hagan (2017) apresentou um estudo sobre os discursos dos pais e profissionais quando uma criança foi diagnosticada com autismo. Esse estudo foi centrado no sentido de fazer sentido. Grupos de profissionais de um centro de avaliação do autismo foram convocados com pais de quatro famílias para receberem uma avaliação do autismo da sua criança. Os resultados explicaram que havia uma diferença entre o conhecimento especializado e a forma de saber dos pais. A tese analisou como os pais se conformaram com os discursos de diagnóstico e como os profissionais o fizeram. Foram analisados os intercâmbios entre pais e profissionais. Expuseram outras práticas de auto-sujeição e estratégias de resistência.

Helland& Helland (2017) investigou necessidades emocionais e comportamentais em crianças com deficiências linguísticas específicas e crianças com perturbações do espectro do autismo. Os questionários foram filtrados pelos pais a fim de avaliar as necessidades emocionais das crianças e o seu desenvolvimento linguístico. Os resultados provaram que as necessidades emocionais e comportamentais e os problemas pragmáticos eram comuns em ambos os grupos de crianças. Além disso, ficou provado que as crianças autistas eram mais deficientes.

Loukusa et al (2018) investigaram como crianças com perturbação do espectro do autismo e crianças normais compreenderam cenários que exigiam inferência contextual com a teoria da mente, inferência contextual sem a teoria da mente, uso da linguagem e reconhecimento dos sentimentos. Os resultados ilustraram a diferença entre os dois grupos de crianças em questão, exigindo uma compreensão contextual. Para além disso, a exigência de leitura da mente na interpretação oral aumentou a diferença entre os grupos.

Maciejewska (2019) abordou a comunicação de adolescentes autistas a partir de uma perspectiva de análise do discurso. O artigo esclareceu a forma como a análise do discurso pode ajudar a interpretar a comunicação comportamental do adolescente autista.Os dados foram baseados em entrevistas com adolescentes autistas que foram convidados a completar duas tarefas: descrição de imagens e produção narrativa. As entrevistas foram analisadas. O estudo reflectiu a forma como os participantes, e a sua comunicação relativa, foram dirigidos pela participação linguística do entrevistador.

Por conseguinte, muitos investigadores têm-se concentrado no autismo como um tema de estudo. O presente estudo tem um enfoque diferente, pois traça a forma como as crianças autistas conseguem seguir o Princípio Cooperativo de Grice, a fim de expressar o seu desejo de interagir de uma forma cooperativa. Também aborda o discurso das crianças autistas no que diz respeito à sua aderência a dispositivos coesivos. Estes dois pontos, cooperação e coesão, são cruciais na formação das crianças autistas para desenvolverem as suas capacidades comunicativas.

O trabalho ajuda a encontrar uma resposta para as seguintes questões:

Quais são os dispositivos coesivos que aparecem claramente no discurso das crianças autistas?

Quais são as diferenças individuais quanto à utilização de dispositivos coesivos pelas crianças autistas?

Quais são os dispositivos coesivos que estão quase ausentes no seu discurso?

Até que ponto as crianças autistas podem cooperar na conversa?

Quais são as sugestões propostas que podem desenvolver o comportamento linguístico das crianças autistas?

Espera-se que as questões acima mencionadas sejam abordadas até ao final deste trabalho analítico.

Secção Dois

A Pragmática e os Máximos da Cooperação Conversacional.

Pragmática

Quando um orador utiliza a linguagem para transmitir uma determinada mensagem, tem uma intenção na sua mente, que por vezes se esconde por detrás do significado literal das palavras pronunciadas. Hofmann (1993) considera a pragmática como uma ligação "entre o significado literal de uma frase e o que ela é usada para transmitir" (p.273). Crystal (2003) considera que a pragmática deve ser aplicada ao estudo do discurso sobre os pontos de vista dos utilizadores "especialmente das escolhas que fazem, dos constrangimentos que encontram na utilização da linguagem na interacção social e do efeito que a sua utilização da linguagem tem sobre o outro participante num acto de comunicação" (p.364). A mesma atitude é adoptada por Cabley (2001), que explica a pragmática nos domínios da utilização das línguas: "Actualmente, o termo pragmática está mais directamente associado ao estudo do uso da língua" (p.83).

Akmajian, Demers, Farmer e Harnish (2001) consideram a pragmática como o "estudo da utilização das línguas e, em particular, o estudo da comunicação linguística, em relação à estrutura linguística e ao contexto da enunciação" (p. 361).Delahunty e Cravey (1994) consideram a pragmática como o estudo da utilização das línguas ou o estudo do significado de uma enunciação no contexto. Levinson (1983) define pragmática como sendo o estudo das relações entre a linguagem e o contexto. Thomas (1995) explica também que pragmática é "significado na utilização" ou "significado no contexto" (p.1-2). Estas definições assemelham-se às de McCarthy, que define pragmática como sendo "o estudo do significado no contexto". (1991, p.1). Finch (2000) elucida o pragmatismo como sendo: "The study of the situational constraints on meaning" (p.2). Ele também expõe que a pragmática se preocupa com o "significado da expressão" (p.144) e se concentra no "significado contextualizado" (p.145).

Huchby e Wooffitt (1989) esclarecem os interesses dos pragmáticos para serem "como o significado é estabelecido comunicativamente". (p.5). A definição de pragmática de Hatim e Mason é "o estudo das relações entre a linguagem e o seu contexto de enunciação" (Hatim & Mason, 1990, p.59). Notamos que todas as definições de pragmática se concentram na noção de contexto que, segundo Lyon (1995), inclui não só o co-texto relevante (ou seja, o texto circundante relevante) mas também as características envolventes relevantes da situação de enunciação.

Segundo Kearns (2000), o campo moderno da pragmática foi profundamente influenciado pelo trabalho do filósofo Paul Grice. Grice delineou uma teoria de inferências que os ouvintes desenham para chegar a uma compreensão profunda do que um orador significa por uma enunciação, especialmente quando o que se entende vai além do significado literal do que é pronunciado. Por outras palavras, quando as palavras do orador comunicam um significado oculto, diferente do das palavras propriamente ditas.

Implicatura

A noção de implicação é apresentada pelo filósofo linguístico Paul Grice (1975), que argumenta que a conversa é, antes de mais, um acto de cooperação e que os oradores devem ter objectivos cumpridos através da conversa. A teoria da implicação conversacional de Grice (1975) é uma abordagem pragmática da linguagem que se centra no significado pretendido numa situação interactiva. Thomas (1995) observa que Paul Grice delineou a sua teoria da implicação e que esta teoria é considerada como uma das teorias mais influentes no desenvolvimento da pragmática.

Downes (1998) ilustra que "Uma implicatura surge quando a utilização de uma determinada forma de palavras transmite algo que não faz parte do que foi efectivamente dito" (p.440-441). A implicatura é usada por Grice (1975) para explicar o que um orador sugere como diferente do que literalmente pronunciou. As implantações conversacionais dependem do contexto.

O Princípio Cooperativo e os Máximos Conversacionais

Quando Grice introduz o Princípio Cooperativo, tem um motivo, uma vez que se refere à ordem e racionalidade das conversas como justificação para a PC:

As nossas conversas não consistem normalmente numa sucessão de observações desligadas, e não seria racional se o fizessem. São característicos, pelo menos em certa medida, dos esforços cooperativos; e cada participante reconhece neles, em certa medida, um objectivo comum ou um conjunto de objectivos, ou pelo menos uma direcção mutuamente aceite... (Grice, 1975, p.45).

Assim, Grice acredita que algum princípio deve reger o comportamento conversacional, a fim de determinar o que seria adequado e o que não seria. Isto levou Grice a postular o PC.

Grice (1975) introduziu o Princípio Cooperativo, do qual deriva uma série de máximas conversacionais. A ideia básica é que "a actividade linguística, mais tipicamente, é uma espécie de interacção social racional (e propositada) regida pelo princípio da cooperação" (Lyons, 1996, p. 277). O Princípio da Cooperação diz o seguinte: "Faça o seu contributo de conversação tal como é exigido, na fase em que ocorre, pelo objectivo ou direcção aceite da troca de impressões em que está envolvido" (Grice, 1975, p. 45).

Grice deriva do Princípio Cooperativo algumas máximas conversacionais, que apoiam este princípio. Estas máximas são:

Quantidade:

A. Dê a sua contribuição com a informação necessária (para os fins de intercâmbio actuais).

B. Não dê a sua contribuição de forma mais informativa do que a necessária.

Qualidade:

1- Não digam o que acreditam ser falso.

2- Não diga aquilo para o qual não dispõe de provas adequadas.

Relação: Ser relevante

Manner

1- Evite a obscuridade da expressão.

2- Evite ambiguidades.

3- Seja breve (evite prolixidades desnecessárias).

4- Seja ordeiro.

(Grice, 1975, p. 46)

Secção Três

Discurso, Análise Discursivo e Dispositivos Coesivos

Discurso

Johnstone (2002) considera que o discurso é um exemplo concreto de comunicação no meio da linguagem. As instâncias do discurso falado ou escrito são frequentemente referidas como "texto" (Johnstone, 2002). O texto é também definido como o registo verbal de um acontecimento comunicativo (Brown & Yule, 1983). Schiffrin (1994) sugere que o texto é o conteúdo linguístico das afirmações: os significados semânticos estáveis das palavras, expressões e sentenças. Acrescenta que um texto fornece a parte "o que é dito" das afirmações; um contexto combina com "o que é dito" para criar uma enunciação.

Salkie (1995) define o discurso como sendo qualquer pedaço de linguagem que seja mais longo que uma frase. Chouliaraki e Fairclough (1999) utilizam o termo discurso para se referirem:

> Língua (escrita ou falada em combinação com outras semiótica,
> por exemplo, com música no canto, comunicação não verbal
> (expressões faciais, gestos de movimento corporal, etc.) e imagens
> visuais (por exemplo, fotografias e filmes) (p.38).

O discurso, segundo Chouliaraki e Fairclough (1999), é um elemento de todos os eventos sociais concretos (acções, processos), bem como da prática social. O discurso subsume a linguagem e outras formas de semiose, como as imagens visuais e a linguagem corporal.

Fairclough considera o discurso e a sociedade como "o todo é sociedade, e a linguagem é uma posição do social" (Fairclough, 1989, p. 23). Ele considera que o texto é uma parte desse processo.

Análise do Discurso

Cook (1990) menciona que o primeiro linguista moderno que iniciou o estudo das relações das frases e cunhou o nome "Análise do Discurso", que depois denotou um ramo da linguística aplicada, foi Zelling Harris. Carter (1993) acredita que a análise do discurso é o ramo da linguística aplicada que trata do exame das tentativas de encontrar padrões nos produtos comunicativos, bem como a sua correlação com as circunstâncias em que ocorrem, que não são explicáveis a nível gramatical.

Potter e Wetherell (1988) explicam o foco da Análise do Discurso para ser sobre textos e conversas como sendo formas de práticas sociais. A mesma ideia sobre as orientações sociais da Análise do Discurso é manifestada em Weiyun He:

> A análise do discurso centra-se na linguagem, não apenas como sistemas de símbolos acústicos e ortográficos e regras para sequenciar palavras ou inferir significado, mas sim no uso da linguagem motivado por necessidades comunicativas reais e na linguagem como meio através do qual realizamos várias acções e interacções (2003,p. 429).

Weiyun He (2003) também ilustra o objectivo da Análise do Discurso. Ele acredita que a Análise do Discurso procura interpretar fenómenos linguísticos dentro dos contextos situacionais do uso da língua.

Durante muitos anos, os linguistas concentram-se na análise da morfologia e da fonologia das frases. Cook (1989) afirma que os linguistas tomaram consciência do uso do contexto e da função linguística. McCarthy (1991) afirma que:

> A Análise do Discurso cresceu para uma disciplina ampla e heterogénea que encontra a sua unidade na descrição da linguagem acima da frase e um interesse nos contextos e influências culturais que afectam a linguagem em uso. (1991, p. 7)

Allen e Corder (1974) definem a Análise do Discurso da seguinte forma: "A análise do discurso é considerada a investigação dos dispositivos formais utilizados para ligar frases em conjunto" (p.200). A análise do discurso, nesta preocupação, diz respeito à produção linguística.

Discurso Coesão

Fine (1988) explica o domínio da Análise do Discurso como sendo a organização da linguagem mais longa do que uma frase. Yule (1996) afirma que a estrutura discursiva é muito significativa. Concentra-se nos principais elementos que podem formar um texto bem esticado. Estas ligações estruturais entre as frases criam coesão.

Uma das questões centrais da Análise do Discurso é a organização do discurso. O termo organização refere-se "à soma das relações que existem entre as unidades de texto... e entre cada unidade e o todo" (Goutsos, 1997, p. 138). O termo discurso, acrescenta ele, refere-se à expressão verbal na fala ou na escrita. A coesão é uma das propriedades do texto que contribuem para a disposição sistemática dos elementos discursivos. O termo "coesão" refere-se à unidade, ou à colagem dos elementos de superfície do texto.

Hoey (1991) preocupa-se com o carácter central das frases no texto. Na sua análise das redes coesivas lexicais, as frases com o maior nível de ligação (ou seja, com o maior número de ligações coesivas) formam as partes mais centrais do texto em comparação com as frases marginais que não estão lexicalmente ligadas a outras frases. Com esta divisão ele mostra que ou a eliminação das frases marginais ou a selecção das centrais fornece um resumo do texto analisado. A centralidade dos itens lexicais e unidades discursivas, portanto; fornece a base para a sumarização do texto. Barzilay e Elhadad (1999) argumentam que a identificação e extração das fortes cadeias lexicais que representam a coesão lexical dá o resumo do texto analisado. Esta ideia geral aparece em Silber e McCoy (2002).

A textura dentro de um texto é o resultado da coerência e da coesão. A coesão, princípio e critério mais importante da textualidade, é a relação ou a conexão que se manifesta quando a interpretação de um elemento textual (uma palavra situada numa frase) depende de outro elemento do texto. Quando as frases, as ideias e os pormenores se encaixam de forma clara e harmoniosa, os leitores podem seguir facilmente, e a escrita é coerente e o sentido de unidade resultante é alcançado. A unidade do discurso, segundo Tanskanen (2006), só pode ser estabelecida através da utilização de dispositivos coesivos que contribuam para a coesão do texto. Consequentemente, um texto, segundo Halliday e Hasan (1976), é "qualquer passagem, falada ou escrita, de qualquer comprimento, que forme um todo unificado" e "é melhor considerado como uma unidade semântica" (p. 1). Halliday e Hasan (1976) têm considerado a coesão como o único factor que distingue os textos dos não-textos.

Halliday e Hasan (1976) identificaram cinco tipos diferentes de coesão: referência, substituição, elipse, conjunção e coesão lexical. Nos cinco principais tipos de coesão, "a interpretação de um elemento do discurso depende de outro elemento que possa ser apontado no discurso" (Renkema 1993, p. 40).

Um texto não é apenas uma sequência de frases encadeadas, mas uma sequência de unidades ligadas de alguma forma contextualmente apropriada. Essa ideia é expressa por Lyon quando este define o texto como sendo uma entidade unificada: "um todo deve exibir as propriedades relacionadas, mas distinguíveis, de coesão e coerência" (Lyon, 1981, p.198). Assim, a coesão diz respeito à ligação formal. Segundo McCarthy (2001), as relações entre frases e as combinações de unidades de significado para criar coerência "são o resultado da interacção entre o mundo dos leitores e o texto" (p.97).

Coerência significa a ligação de ideias ao nível da ideia, e coesão significa a ligação de ideias ao nível da frase. Coerência significa a "compreensibilidade" geral do que se escreve ou diz. A análise da coesão ganhou muita atenção nos estudos linguísticos (Halliday & Hasan (1976), Hasan (1984), Halliday (1985), Hoey (1991), Martin (1992) e Halliday & Matthiessen (2004)).

Segundo Halliday e Hasan (1976), a referência, a elipse de substituição e a conjunção são as categorias básicas da coesão gramatical, que se refere aos vários dispositivos gramaticais que podem ser utilizados para tornar mais explícitas as relações entre frases. A coesão lexical é uma questão de escolha de palavras.

Coesão Gramática

A parte seguinte dá uma explicação dos tipos de coesão: a gramatical e a lexical. A explicação seguinte baseia-se em Halliday e Hasan (1976).

Coesão Gramática: Referências

Halliday e Hasan (1976) salientam que, para interpretar uma referência, devem ser explicados outros elementos do texto. Os dispositivos de referência incluem pronomes, artigos, demonstrativos e comparativos. Os tipos de referência envolvem referências pessoais, demonstrativas e comparativos: "Existem três tipos de referência: pessoal, demonstrativa e comparativa" (Halliday & Hassan, 1976, p. 37). As referências pessoais incluem pronomes e adjectivos possessivos. As referências demonstrativas incluem exemplos como este, que, estes, aqueles, aqui, ali e o. As referências comparativas incluem: mesmo, outros, diferentes, melhores e semelhantes.

A referência exófica exige que o leitor olhe para fora do texto a fim de interpretar a referência: "A referência exófica dirige o receptor 'para fora do texto e para um mundo assumido partilhado'" (McCarthy, 1991: 41). A referência endófora refere-se ao próprio texto na sua interpretação. Brown e Yule (1983) referem que "quando a sua interpretação se encontra dentro de um texto, são chamados "endofóricos". (p. 192). A referência endófora é ela própria duas classes: anáfora e catáfora. A relação anafórica é todo o tipo de actividades que envolvem olhar para trás em textos para encontrar o referente. A segunda classe é a relação catafórica; aguarda com expectativa a sua interpretação.

Coesão Gramática: Substituição

Halliday e Hasan (1976) declaram que a substituição ocorre quando um elemento (num texto) substitui uma palavra ou expressão anterior: "Em termos do sistema linguístico, a referência é uma relação a nível semântico, enquanto a substituição é uma relação a nível léxico-gramatical, o nível gramatical e de vocabulário, ou a forma linguística" (Halliday & Hassan, 1976, p. 89).

Coesão Gramática: Ellipsis

Ellipsis é "substituição" por zero. Harmer define-a: "(...) as palavras são deliberadamente deixadas de fora de uma frase quando o significado ainda é claro". (Harmer, 2004, p. 24). Elipse nominal: significa elipse dentro do grupo nominal, por exemplo: Eu tenho dois irmãos, ambos são espertos.

Elipse verbal: refere-se à elipse dentro do grupo verbal, por exemplo: A) Você já esteve lá? Sim, já lá estive.

Elipse de clausura: elipse de clausura significa que a omissão se refere a uma cláusula. Por exemplo, a elipse de clausura: Ele está a visitar-nos. Está ele?

Coesão Gramática: Conjunções

As conjunções mostram as relações entre as frases. As conjunções de coordenação incluem para, e, mas, ainda assim, e assim por diante. As conjunções subordinadas incluem quando, enquanto, depois, antes, se, como e embora. Halliday e Hassan descrevem as conjunções da seguinte forma:

> Ao descrever a conjunção como um dispositivo coeso, estamos a centrar a atenção não na relação semântica enquanto tal, realizada ao longo da gramática da língua, mas num aspecto particular da mesma, nomeadamente a função que têm de se relacionarem entre si elementos linguísticos que ocorrem em sucessão mas não estão relacionados por outros meios, estruturais (Halliday & Hassan, 1978, p. 227)

Coesão Léxica

A coesão lexical, como o seu nome sugere, tem a ver com as relações semânticas entre as palavras. A coesão lexical é conseguida através da selecção de itens lexicais que estão de alguma forma relacionados com os que já existiram antes.

Halliday e Hasan (1976) definem cinco tipos de laços léxicos coesivos que ocorrem habitualmente no texto.

a-Repetição (ou Reiteração): Ocorre quando uma forma de palavra é repetida novamente numa secção posterior do texto. É a utilização da mesma palavra de novo sem se limitar à mesma forma morfológica. Por exemplo: run, runner, run e similares.

b-Repetição através da sinonímia - Ocorre quando as palavras partilham o mesmo significado, mas têm formas diferentes, como felicidade e alegria. O conceito de sinonímia pode também aplicar-se a palavras que não pertencem à mesma classe de palavras, como em "aplaudido" e "aplaudido". Na análise da sinonímia discutimos a antonímia, onde se estabelece uma ligação semântica coesa entre itens lexicais de significados opostos.

Halliday e Hasan (1976), Hasan (1984), Martin (1992) e Tanskanen (2006) definem sinonímia num sentido mais restrito, afirmando que a sinonímia é uma relação entre elementos lexicais cujo sentido é o mesmo ou quase o mesmo. Halliday e Matthiessen (2004) classificam as relações antonímicas e sinónimas na categoria de sinonímia.

c-Associação de palavras através da especialização/generalização: Ocorre quando é utilizada uma forma especializada/generalizada de uma palavra anterior. Um conceito de nível superior de generalidade é também conhecido comoconceito superordenado , enquanto que o que está a um nível inferior é conhecido como conceito subordinado . Por exemplo: "criaturas" é superordenado a "aves", que é superordenado a "melros".

A hiponímia é uma relação coesa estabelecida entre um conceito geral (superordenado) e conceitos (geralmente mais do que um) específicos (ou subordinados).

d-A metonímia é uma relação coesiva estabelecida entre um conceito e as suas partes como a relação entre árvore, folha e ramo. A associação de palavras através de relações part-whole/whole-part-parte - ocorre quando existe uma relação part-whole/whole-partte entre duas palavras.

e- Associação de palavras através da co-instalação - é a co-ocorrência de itens. Por exemplo, quando se vê o substantivo "cachimbo" numa frase, é mais provável que o verbo "fumar" apareça também na frase.

A co-ocorrência de certas palavras forma uma cadeia para garantir a unidade e a centralidade do tema deste texto:

A coesão lexical é, em muitos aspectos, a mais interessante de todas as categorias coesivas. O conhecimento de fundo do leitor ou ouvinte desempenha um papel mais óbvio na percepção das relações lexicais do que na percepção de outros tipos de coesão. Os padrões de colocação, por exemplo, só serão percebidos por alguém que saiba algo sobre o assunto em questão" (Nunan, 1993, p. 30).

Com base na explicação acima referida, um texto deve ter uma textura unificada. Um texto não é apenas uma sequência de frases encadeadas, mas uma sequência de unidades ligadas de alguma forma contextualmente adequada: "Um texto no seu conjunto deve apresentar as propriedades de coesão e coerência com ele relacionadas, mas distinguíveis" (Lyons, 1981, p. 198). Assim, a coesão diz respeito à ligação formal:

O texto não é um contentor cheio de significado que o leitor simplesmente descarrega. A forma como as frases se relacionam umas com as outras e como as unidades de significado se combinam para criar um texto alargado coerente é o resultado da interacção entre o mundo dos leitores e o texto (McCarthy, 2001, p. 97).

Para julgar um texto, coesão e coerência são duas propriedades do texto que nos ajudam a fazer esse julgamento, em que coerência se refere ao facto de um texto fazer sentido; coesão aponta para o facto de haver elementos no texto que estão gramaticalmente relacionados.

Coesão e coerência são termos utilizados na análise do discurso e na linguística de texto para descrever as propriedades dos textos. A coerência indica a ligação das ideias ao nível da ideia e a coesão sinaliza a ligação das ideias ao nível da frase. A coesão é determinada por relações inter-sentenciais lexicais e gramaticais explícitas, enquanto que a coerência se baseia em relações semânticas, significa a "compreensibilidade" global do que se escreve ou diz. Coesão" refere-se ao grau de ligação entre frases (ou mesmo diferentes partes de uma frase), de modo a que o fluxo de ideias seja fácil de seguir. Para conseguir uma boa coesão, é necessário saber como utilizar "dispositivos de coesão", que são certas palavras ou frases que servem o propósito de ligar duas afirmações, geralmente referindo-se ao que se escreveu ou disse anteriormente.

A análise da coesão tem ganho muita atenção em vários ramos da linguística. A maioria dos estudos descritivos (Halliday & Hasan (1976), Hasan (1984), Halliday (1985), Hoey (1991), Martin (1992), Halliday & Matthiessen (2004), Tanskanen (2006)) visa desenvolver uma taxonomia adequada para a análise de todo o tipo de textos.

Secção Quatro

Metodologia

O Rollins Corpus é constituído por transcrições de gravações de vídeo de 5 meninos com autismo que experimentam um programa pré-escolar para crianças do espectro autista na Universidade do Texas em Dallas. Cada criança tem um diagnóstico inicial de autismo feito por um neurologista ou um psicólogo. Todas as crianças têm algumas habilidades expressivas de vocabulário. Todas as crianças têm idades compreendidas entre os dois e os três anos. Carl tem cerca de 2;8, Josh tem 2;5, Sid tem 2;2, Roger tem 2;6, e Marshall tem 3;1 anos. Para cada criança são transcritas quatro cassetes de vídeo. Marshall tem uma quinta cassete. Estas transcrições estão disponíveis online em (https://asd.talkbank.org/access/English/Rollins.html).

Estas transcrições são descarregadas e analisadas manualmente de acordo com o quadro sugerido, uma vez que formam os dados do estudo. As palavras pronunciadas por cada criança são analisadas no que diz respeito a dispositivos coesivos e cooperação pragmática. Os ficheiros descarregados contêm muitos detalhes relativos a informação não-verbal, que não são o foco deste estudo. Este estudo está interessado no comportamento verbal significativo da criança autista no que diz respeito à sua coesão e nível de cooperação.

Neste estudo, os discursos das crianças são divididos de acordo com as sessões a que cada criança assiste. A investigação discursiva do contributo linguístico das crianças autistas compreende duas etapas. A primeira etapa marca uma análise do discurso de cada criança a partir de uma perspectiva pragmática. Os contributos verbais de cada criança são analisados em relação ao grau de observação ou violação do PC e às máximas relevantes de cooperação conversacional. Esta análise pragmática do discurso autista visa sinalizar as deficiências de conversação das crianças autistas. A apresentação das deficiências de conversação das crianças autistas pode ajudar a sugerir algumas técnicas linguísticas capazes de apoiar estas crianças e ajudá-las a melhorar as suas práticas verbais.

A segunda fase analítica é a investigação dos laços de coesão nos discursos autistas das crianças. Os laços coesivos ajudam a fazer com que o discurso seja facilmente compreendido. Incentivar e treinar as crianças autistas a usar laços coesivos pode ajudar a facilitar a sua comunicação discursiva.

Depois de terminar a análise dos discursos das crianças autistas, segue-se uma discussão sobre essa análise. Finalmente, o trabalho oferece algumas observações finais.

Secção Cinco

Cooperação Conversacional e Coesão Discursivo na Língua das Crianças Autistas: Uma Análise Prática

A Criança Alvo: Carl
Carl: 1STtranscrição.

A primeira sessão de Carl dura cerca de 48 minutos. O investigador tentou fazer com que o Carl se envolvesse no discurso, mas em vão. O investigador repete inutilmente as mesmas palavras vezes sem conta, para que possa induzir o Carl a responder. A criança nunca coopera verbalmente, apesar de ter algumas competências linguísticas. Alguns exemplos em que o Carl coopera verbalmente são os seguintes:

    *INV: hi Chi

    *CHI: olá

    *INV: balão

    *CHI: yyyy

    *INV: o que estás a dizer Chi?
    *CHI: yyyy

    *INV: com quem estás a falar?
    *CHI: yyyy

    *INV: olá Chi.
    *CHI: olá

A Desordem do Espectro do Autismo é reconhecida como sendo uma deficiência nas interacções comunicativas. Isto é evidente a partir do extracto acima, uma vez que a linguagem de Carl ou é repetição de sons sem sentido como "yyy" ou um eco copiando uma palavra dita pelo investigador como "olá". Isto é evidente à medida que o rapaz repete "yyy" independentemente das perguntas. Embora a coerência possa ser alcançada através da repetição, os sons ou palavras repetidas de Carl não se relacionam com dispositivos coesivos. Estas repetições são sintomas do discurso de crianças autistas (Associação Psiquiátrica Americana, 2013). Embora as respostas de Carl sejam - até agora - inúteis, considerarei a sua vez de "olá" como um sinal de observação do PC. Carl responde à saudação de acordo com a máxima de cooperação de Grice. Este é um sinal positivo, embora manifeste que a criança está a repetir a palavra do investigador. O investigador deveria ter recompensado o Carl. O investigador deveria ter trazido o "olá" de Carl ao centro das atenções, expressando a aprovação da prática de Carl.

Em toda esta sessão, os únicos casos em que Carl responde de acordo com o Princípio Cooperativo de Grice e as máximas são as vezes em que Carl responde dizendo "olá" à saudação do investigador. Nestes casos, Carl observa a máxima de relação respondendo de acordo com as palavras do investigador.

Carl: 2ª transcrição.

Quanto à cooperação pragmática, a contribuição discursiva de Carl assume a forma de repetição das palavras do investigador. Ele poderia ter ficado calado, mas deseja cooperar na conversa através da resposta às palavras do investigador. Na sua maioria, as suas palavras não são as respostas/comentários necessários e são meras repetições das palavras do investigador. Este comportamento é uma violação das máximas da relação, uma vez que as meras repetições não são as respostas e quantidade relevantes, porque a repetição de palavras carece da quantidade de informação requerida pelas palavras do investigador. No entanto, alguns poucos exemplos apresentam Carl como trabalhando de acordo com as máximas de Grice:

*INV: up e.
*CHI: down.
*INV: lá estão as pessoas.
*CHI: ah.

*INV: eles vão para a escola.

*CHI: num autocarro escolar.

*INV: ir para a escola

*CHI: num autocarro escolar.

*INV: o que é que disse?

*CHI: um porco.

*INV: queres cantar outra canção?

*CHI: não.

*INV: vamos para o ginásio.

*CHI: ginásio.

*INV: de que cor é o camião?

*CHI: green.

*INV: ok.

*CHI: (o)kay

Os extractos acima referidos provam a vontade de Carl de cooperar na conversa através da prestação da quantidade de informação relativa necessária. Isto é considerado como uma observância das máximas de quantidade e relação da Grice. Ele parece proferir respostas breves e claras, seguindo a máxima da maneira A sua repetição de palavras é uma forma de resposta afirmativa à ideia apresentada. Ele não é esperto ao usar "sim/não" como deveria ser. Isto pode voltar ao sentimento da criança de que a repetição é mais fácil do que pronunciar uma nova palavra como "sim/não". Os extractos acima apresentam essa nova função pragmática de repetição por parte da criança. Quando a criança repete uma palavra para implicar contextualmente um "sim", isso é uma violação da máxima da relação, pois deriva da implicação pragmática de que um "sim" é a resposta pretendida. Esta sessão contém exemplos de palavras repetidas que giram em torno de um tópico coeso normalmente sobre brinquedos. Desta vez, a repetição é uma violação da relação e das máximas quantitativas, implicando a função pragmática de um "sim" afirmativo. Seguem-se alguns exemplos:

*INV: este é o seu balde?

*CHI:o   meu balde

*INV: é esse o rapaz?

*CHI: o rapaz.

*INV: vamos para o ginásio.

*CHI: ginásio.

Carl não usa "sim/não" nas suas respostas e é por isso que o investigador apresenta escolhas quando Carl não coopera:

*INV: queres outro puzzle?

*INV: ou um livro?

*CHI: book.

Carl observa o Princípio Cooperativo por ser informativo, ordenado, claro e relevante. Isto significa que oferecer opções ajuda uma criança autistas a cooperar na conversa de acordo com as máximas de conversação de Grice. A vontade de Carl de interagir é manifestada através dos seus comportamentos verbais. No entanto, não lhe é dado qualquer sinal de que tenha alcançado um passo bem sucedido.

Esta sessão, embora dure cerca de cinquenta minutos, o que significa que é quase do mesmo tempo que a sessão um, mostra um desenvolvimento notável no comportamento interactivo de Carl.

Parece que Carl começa a fazer com que as suas palavras, apesar de serem poucas, se relacionem com um tema: os brinquedos que o rodeiam. A sua repetição de palavras como "balde, celeiro, autocarro, escola, cão, agricultor, cavalo, ovelha, galinha, prateleira, bicicleta, urso, avião, puzzle, livro e dinossauro" é uma característica da coesão discursiva. Estas palavras pertencem ao mesmo campo de brinquedos e puzzles infantis e mostram a característica de se colocarem umas com as outras. Carl mostra a sua compreensão dos opostos através do uso da antonímia em "para cima e para baixo". Ele também usa o artigo definido em "as pessoas, o rapaz, o cavalo, o autocarro, as crianças, as ovelhas", uma vez que estes substantivos são identificados. Carl mostra compreensão das referências e isto é uma evidência de que ele pode lidar com referências:

*INV: onde estão eles?

*CHI: ah pessoas.

Carl também utiliza bem os adjectivos possessivos:

*INV: este é o seu balde?

*CHI:o   meu balde

Carl emprega a substituição como um dispositivo coeso dentro:

*INV: suponho que se foram.

*CHI: desapareceu tudo.

Carl usa "todos" em vez de "eles". Este comportamento mostra o desenvolvimento do uso de dispositivos coesivos por parte de Carl. Note-se que Carl continua a repetir as palavras proferidas pelo investigador, um sinal do discurso de crianças autistas. Apesar de ser um sintoma de desordem da linguagem, as próprias repetições de Carl são consideradas um sinal positivo porque as palavras repetidas pertencem a um campo e a um tópico, o dos brinquedos. Este sinal refere-se à preparação do Carl para desenvolver capacidades de coesão.

Carl: 3ª transcrição.

Nesta sessão, que dura cerca de vinte e oito minutos e trinta segundos, Carl e o investigador estão a brincar com os puzzles. A repetição, mais uma vez, é utilizada por Carl para servir a função pragmática de aceitação/afirmação das palavras do investigador. Nesta preocupação, Carl continua a violar as máximas de relação e quantidade para implicar a sua concordância com o investigador:

*INV: está tudo bem?

*CHI: up.

*INV: aqui em cima?

*CHI: aqui em cima yyyy.

*INV: que é uma menina

*CHI: pequenina.

*INV: é tão alto aqui em cima

*CHI: aqui em cima.

*INV: aqui estão todas as peças

*CHI: pieces.

*INV: que está no fundo

*CHI: fundo.

Nos exemplos seguintes, Carl observa as máximas de cooperação de Grice, uma vez que responde de forma suficientemente clara com a quantidade de informação necessária. Isto é uma indicação do desenvolvimento do comportamento conversacional de Carl ao começar a seguir o Princípio Cooperativo, mesmo que o investigador não ofereça opções:

*INV: o que é isso?

*CHI: isso é um barco.

*INV: de que cor é isso?

*CHI: carro azul.

*INV: Vejo outra coisa.

*CHI: um autocarro escolar.

*INV: obrigado.

*CHI: obrigado.

A criança agarra-se a palavras que pertencem ao puzzle com que está a brincar, conseguindo assim coesão na sua enunciação: "barco, avião, carro, pato, peixe, autocarro escolar, rapaz, rapariga e pássaro grande". Utiliza também o pronome "it", o determinante "a" e o demonstrativo "that" poucas vezes. A sinonímia em baixo/baixo e a antonímia em rapaz/rapariga e em cima/baixo mostram o caso em desenvolvimento de Carl. Parece que Carl depende do uso de palavras que pertencem ao mesmo campo semântico e tendem a co-ocorrer juntas como um grande dispositivo coesivo.

Carl: 4ª Transcrição.

Esta é a sessão mais longa, pois continua durante mais de uma hora e meia. O investigador transforma o foco na casa de banho. Carl emprega a repetição para tornar o significado pragmático do "sim" ou uma aceitação dos actos do investigador. Mais uma vez, isto é uma violação das máximas de relação e quantidade:

*INV: adeus a todos.

*CHI: adeus a todos.
*INV: Eu sei que gostas de mais rápido.
*CHI: Eu gosto de mais rápido.
*INV: precisas de sabão?
*CHI: sabão.

Carl viola as máximas de Grice nos próximos exemplos. Ele despreza a máxima da relação para implicar "ok" quando ele diz "adeus". Ele, mais uma vez, desrespeita a máxima da relação para implicar "não" quando diz "está escuro" e "não é o penico de Chi". Ele desrespeita a máxima de quantidade ao fazer-se eco das palavras do investigador e, assim, sendo mais informativo do que o exigido em "Eu vou a um bacio [=? o] big boy potty".

*INV: Vamos por aqui Chi.
*CHI: bye.

*INV: vamos para o penico.
*CHI: está escuro.
*INV: o que precisamos de fazer?
*CHI: Preciso de acender a luz?
*INV: agora vais para o penico grande.
*CHI: Eu vou a um penico [=? o] big boy.
*INV: agora vais para o penico dos rapazes grandes.
*CHI: não é o penico de Chi.

Assumindo que Carl coopera com o investigador, a criança ignora a máxima relação nos exemplos seguintes para implicar que a cabeça precisa de um cano. Este desrespeito pode não ser deliberado devido à incompetência de Carl em relação à linguagem:

*INV: do que precisa esta cabeça de batata?

*CHI: Encontrei um cano.

Carl, mais uma vez, desrespeita o máximo de relação para implicar que não pode abrir a parte de trás do brinquedo bebé para procurar o tubo:

*INV: abri-lo.

*CHI: Preciso de ajuda.

Outros exemplos de cooperação pragmática por parte da criança são os próximos casos em que a criança responde de acordo com o Princípio da Cooperação, proferindo a quantidade de informação necessária, sendo relevante e breve. Note-se que a criança começa a usar um "sim" directo em vez de repetir as palavras do investigador para implicar o "sim". Esta é uma habilidade em desenvolvimento da cooperação de conversação por parte da criança. Ao dizer "encontrei um [=? o] tubo" e ao repeti-lo em vez de responder à pergunta do investigador, a criança desrespeita as máximas de relação e quantidade para dar o significado implícito de "sim":

*INV:está   na caixa?

*CHI: sim.

*INV: encontrou-o?

*CHI: Encontrei um cano [=? o] aqui mesmo.

*INV: é para aí que vão os olhos?

*CHI: sim [=! risos]

*INV: escondeste-o no rapazinho.

*CHI: Encontrei um tubo [=? o].

*CHI:vamos   abrir isto

A frase anterior "vamos" marca a vontade de Carl de iniciar uma acção de cooperação. Os exemplos seguintes mostram a cooperação de Carl na conversação, ao proferir a quantidade certa de informações necessárias:

*INV: será a Spot?
*CHI: sim.
*INV: quem está lá dentro?
*CHI: bear.

Nos próximos exemplos, Carl desrespeita as máximas de quantidade e relação, acrescentando informação extra irrelevante que implica que a felicidade é espalhada a todos à sua volta:

*INV: a tartaruga diz olá Spot.
*CHI: é uma [=? a] tartaruga feliz.

*INV: o que mais está aqui dentro?
*CHI: Spot está feliz.
*CHI: a [=? a] mamãe está feliz.

Carl aceita cooperar na conversa com o investigador, sendo suficientemente informativo, relevante e claro. Assim, ele observa as máximas da conversa. Desta vez ele usa "uh" como um sinal de aceitação:

*INV: Consegues ouvir-me?
*CHI: &-uh huh.

É óbvio que Carl desenvolve competências coesas/pragmáticas à medida que as sessões prosseguem. Ao comparar a contribuição linguística de Carl nas quatro sessões, é evidente que após a primeira sessão Carl se envolve mais na conversa, mostra mais cooperação na conversação e usa palavras pertencentes ao tema apresentado como dispositivos de ligação entre ideias. Ele usa artigos, referências e compreende os pronomes. Embora não responda a muitas perguntas e permaneça em silêncio na maioria das afirmações situacionais, ele mostra que a prática linguística é útil para fazer as crianças autistas cooperarem na conversação.

Os padrões de coesão linguística comportamental de Carl variam. Ele usa palavras pertencentes ao tópico de actividade como: "acender luz, penico, penico do bebê, pia do chi, sabão, bolhas, sujo e tomar banho". Quando as actividades são alteradas para se concentrarem em brincar com cabeças de batata, Carl pronuncia palavras como: "orelhas partidas, bebé, bebé chi, bebé tomate, cabeça de tomate, cachimbo, boca, sapatos grandes, mala de mão, rosto e olhos". Além disso, Carl parece entender pronomes como você/I e, portanto, usa referências de pronomes como "você, isso, eu, ele, eles e a sua". Ele também pronuncia determinantes "a, an and the". O seu uso de "vamos" é uma prova clara do seu desejo de cooperar numa actividade colectiva com o investigador.

Criança Alvo: Josh
Josh: [1ª Transcrição].

Nesta sessão, que dura cerca de uma hora e quinze minutos, temos três participantes: o menino autista Josh, o investigador e o operador de câmara. Além de "yyy", que é descrito como sendo um jargão, Josh não coopera verbalmente com nenhuma palavra significativa. Ele não fala nem com o investigador nem com o operador de câmara. Este é um caso de autismo mais tardio do que o de Carl, uma vez que Carl mostra mais cooperação na sua primeira transcrição.

Josh: [2ª Transcrição].

Nesta sessão, Josh começa a cooperar verbalmente com o investigador. Ele emprega repetições para implicar a sua aceitação das palavras do investigador. Ao fazê-lo, viola as máximas da relação, uma vez que não dá a resposta relevante. Também não dá as informações necessárias, desrespeitando assim a máxima de quantidade. Isto é semelhante à comunicação verbal de Carl:

*INV: devemos fazer o puzzle?
*CHI: puzzle.
*INV: você tirou a girafa.

*CHI: girafa

*INV: você tem os porcos.

*CHI: porco

*INV: está molhado.

*CHI: molhado.

Nesta curta sessão que dura cerca de nove minutos, Josh emprega apenas palavras que pertencem ao campo dos puzzles como o único dispositivo coeso detectado. Palavras como "puzzle, pinto, girafa e porco" referem-se ao discurso coesivo de Josh. Nenhum outro dispositivo coesivo é detectado.

Josh: [3ª transcrição].

A repetição que viola a quantidade e as máximas de relação é uma implicação da aceitação de palavras ou "sim" por parte de Josh. A mesma prática que é adoptada por Carl:

*INV: mais pontos.
*CHI: dots.
*INV: dots

*CHI: dots.
*INV: e pontos

*CHI: dots.
*INV: meninos e meninas.
*CHI: boys yyyy.
*INV: vamos procurar as portas.
*CHI: portas.

Josh coopera de acordo com as máximas da Grice, fornecendo a quantidade de informação relativa necessária:

*INV: vamos subir ou descer?

*CHI:	up.
*INV:	o que são estes?
*CHI:	dots.
*INV:	de que é que precisamos?
*CHI:	empurrar a porta.

Embora esta sessão seja de cerca de 44 minutos, os actos de cooperação verbal da criança são poucos com exemplos limitados de dispositivos coesivos: o uso de "eu", "o", a elipse em "eu quero mais" e as palavras relacionadas com a actividade de caminhar como "portas, rapazes". Parece que Josh está de alguma forma atrasado no seu desenvolvimento linguístico do que Carl. Esta transcrição, no entanto, mostra a capacidade de desenvolvimento de Josh de interagir de forma cooperativa e usar dispositivos mais coesivos.

Josh: [4ª Transcrição].

Esta é a última sessão relativa a Josh. Dura cerca de quarenta e oito minutos e trinta e sete segundos. Espera-se que sejam comentados actos mais cooperativos e coesivos.

Josh repete as palavras do investigador para implicar uma aceitação:

*INV:	inside?
*CHI:	inside.
*INV:	inside?
*CHI:	inside.

Josh desrespeita a máxima da relação quando expressa os seus desejos, em vez de responder à pergunta do investigador. Isto é um sinal de autoconfinamento de crianças autistas:

*INV:	o que é que fazemos?
*CHI:	Quero que abra a porta.
*INV:	o que é que fazemos aqui?
*CHI:	Quero que abra a porta.

O comportamento linguístico de Josh é inferior ao de Carl, mesmo nesta última sessão. O uso de palavras por Josh, apesar de serem tão poucas, como "porta, dentro, puxa", de artigos como "o, a" e de pronomes como "eu, você" marcam os únicos dispositivos coesivos empregados. Embora Josh avance a sua interacção verbal cooperativa e os seus dispositivos coesivos à medida que as sessões prosseguem, o seu avanço ainda está atrasado em comparação com Carl.

Criança Alvo: Marshall (Marte)
Mars: [1ª Transcrição].

Tal como Carl e Josh, Mars emprega repetições para implicar a sua aceitação. Ele viola as máximas de relação e quantidade para implicar "ok". Mais uma vez, as violações de Marte, Josh e Carl destas máximas para implicar a sua aceitação das palavras do investigador confirmam que as crianças autistas são normalmente incapazes de dizer "sim" ou "ok". Para eles, é mais fácil fazer eco das palavras que implicam "sim" ou "ok". Considere o seguinte exemplo:

*INV: vamos subir as escadas.

*CHI: up.

Embora Marte siga as máximas cooperativas de Grice quando obedece ao investigador no início, Marte pronuncia palavras que parecem irrelevantes para as perguntas, mas que implicam "sim". Ao contrário de Carl e Josh que usam repetições, Marte usa palavras relacionadas com o tema do discurso para implicar "sim":

*INV: dizer adeus, pessoal.

*CHI: bye bye.

*INV: Consegues ouvi-los?

*CHI: frangos.

*INV: pode empurrar a porta para abrir?

*CHI: bye.

Marte não pode responder às perguntas sobre a sua capacidade como "consegue ouvir" e "consegue empurrar". Parece que o "sim" é uma carga linguística partilhada por crianças autistas que implicam o "sim" através da repetição ou do uso de palavras relacionadas com o tema da conversa.

Marte: 2ª Transcrição.

A Mars repete as palavras do investigador para implicar a sua aceitação/afirmação, o que constitui uma violação da relação e das máximas quantitativas:

*INV: cinco camiões.
*CHI: cinco camiões.
*INV: um bolo.
*CHI: one.

Ele coopera com o investigador nos poucos exemplos de repetição dos números com ele, uma coisa que se refere à sua falta de competências que o ajudam a cooperar de acordo com as máximas e a dizer "sim". Embora esta sessão seja de cerca de uma hora, apresenta poucos exemplos de cooperação da parte de Marte. Assim, os dispositivos de coesão são também poucos, incluindo apenas palavras relacionadas com o jogo como "camião, bolo" e a elipse do bolo em "um, dois".

Marte: 3ª Transcrição.

A Mars continua a recorrer à repetição, violando a relação mutilada, para implicar a sua aceitação:

*INV: aqui está um cinco.
*CHI: cinco.
*INV: seis.
*CHI: seis

*INV: sete.
*CHI: sete.
*INV: quatro.
*CHI: quatro.

*INV: cinco.

*CHI: cinco.

Outro exemplo da observância por parte de Marte das máximas de Grice é:

*INV: o que são estes?

*CHI: bonecos.

Embora esta sessão dure cerca de uma hora, a contribuição de Mars é apenas o uso de números e palavras relacionadas com o seu jogo como "bicicletas, bolas, ursos e bonecos". Não se notam mais exemplos de cooperação ou coesão.

Marte: 4ª Transcrição.

Marte implica "sim" através da repetição, que é um desrespeito às máximas tanto de relação como de quantidade:

*INV: aqui está o carro.

*CHI: car.

*INV: isso é um carro verde?

*CHI: um carro.

*INV:você coloca o homem no cavalo.

*CHI: man.

*INV: isso é um selo?

*CHI: seal.

*INV: frutas.

*CHI: fruta.

Marte, jogando puzzles com o investigador, coopera verbalmente seguindo as máximas de Grice:

*INV: o que é isso?

*CHI: uma bicicleta.

*INV: colocar em

*CHI: ali mesmo.

*INV: stop.

*CHI: go gogo.

*INV: o que é isso?

*CHI: um avião.

*INV: o que é isso?

*CHI: tractor.

Este é um sinal de desenvolvimento de competências.

Os dispositivos coesivos incluem palavras pertencentes ao mesmo tópico de jogo que: "carro, camião, bicicleta, homem, frutas, mel, avião, tractor, pato, elevador, elefante, pássaro, pato, cãozinho, coelho e elefante", antonímia em "homens, mulheres". Esta sessão tem a duração de cerca de duas horas. Mostra mais esforços de cooperação por parte de Marte.

Marte:5ª Transcrição .

Em geral, as mesmas características linguísticas aparecem. A criança repete, violando a relação e as máximas quantitativas, palavras para implicar a sua aceitação como em:

*INV: Conduzir o tractor.

*CHI: tractor vermelho.

*INV: porco

*CHI: olá porco.

*INV: a frog?

*CHI: a frog.

*INV: capítulo dois.

*CHI: capítulo dois.

*INV: a bulldozer

*CHI: a bulldozer.

*INV: ela está a receber tomates

*CHI: tomate.

Ele viola a máxima da relação porque as suas respostas deveriam ter sido uma aceitação ou uma negação das ordens e perguntas do investigador. Ele também desrespeita a máxima de quantidade sendo menos informativo como é necessário para implicar a sua compreensão das palavras do investigador e a sua incapacidade de responder de acordo com o Princípio Cooperativo:

*INV: olha aqui.

*CHI: caixa de brinquedos.

*INV: Chi, queres o teu balde ou a caixa de brinquedos?

*CHI: Winnie Pooh.

*INV: look we need a brown +...

*CHI: brown key.

*INV: laranja?

*CHI: porta laranja.

Convida o investigador a cooperar como em:

*CHI: olha que há um pássaro.

*CHI: tweet tweet

*CHI: olha para aquela mulher.

Esta sessão tem a duração de cerca de duas horas. Ela mostra o desenvolvimento da cooperação de Marte através das mesmas estratégias de repetição e resposta com palavras relativas em vez de "sim". Ele parece partilhar a mesma característica de utilizar a técnica da repetição para implicar a sua aceitação. O "sim" e o "não" parecem ser uma opção difícil em casos de autismo. Os dispositivos coesivos de Marte são na sua maioria as palavras pertencentes ao mesmo campo que "tractor, caixa de brinquedos, Winnie Pooh (um brinquedo), porco, abelha, pássaro, rã, camião, carro de corrida, dinossauro, comboio". A sua escolha de outros dispositivos coesivos é tão limitada, com poucos exemplos de "a" e "aquilo".

Criança Alvo: Roger
Roger: ^{1ª Transcrição}.

Roger repete as palavras do investigador para implicar a sua aceitação, tal como os três rapazes anteriores. Ele deveria ter proferido palavras que (des)concordam com as palavras do investigador. Em vez disso, ele contribui através da repetição das palavras do investigador ou da utilização de palavras relacionadas. Portanto, ele é irrelevante para o tema e menos informativo do que é necessário. Isto é uma violação da relação e das máximas quantitativas:

*INV: aqui estão os blocos.
*CHI: block.

*INV: preparar.
*CHI: go.
*CHI: get set
*CHI: go.

Embora esta sessão dure cerca de uma hora e quarenta e nove minutos, a contribuição de Roger limita-se quase a poucos exemplos em que ele repete palavras relacionadas com a actividade de jogo. Isto pode ser devido ao facto de esta ser a primeira sessão. À semelhança dos três rapazes anteriores, o único dispositivo coeso de Roger é o uso de palavras relacionadas com o jogo. Ele também tem dificuldade em dizer "sim" ou "não", como os outros três rapazes.

Roger: ^{2ª Transcrição}.

Nesta sessão que dura vinte e um minutos, o investigador está, como habitualmente, a brincar com Roger que repete palavras para servir a função de aceitação implícita, desta vez, da ideia de brincar a si próprio, uma vez que se nota que Roger repete palavras relacionadas com a sessão anterior. Ele ignora tanto a relação como a quantidade máxima:

*INV: abre-lhe a boca.
*CHI: on yyyy mark.

*CHI: preparar.

*CHI: go.

*INV: há um biscoito quadrado.

*CHI: preparar.

O contributo linguístico da criança é ainda tão reduzido, sem exemplos óbvios de coesão a examinar.

Roger: ³ᵃ ᵗʳᵃⁿˢᶜʳⁱᶜ̧ᵃᵒ.

*INV: abrir a porta.

*CHI: a [=? a] porta.

Esta é uma sessão de uma hora. Para além do exemplo acima que mostra a violação por Roger das máximas de relação e quantidade através do seu enunciado repetitivo, Roger quase se abstém de qualquer cooperação verbal significativa.

Roger: ⁴ᵃ ᵀʳᵃⁿˢᶜʳⁱᶜ̧ᵃᵒ.

A repetição não é numerosa. Este é praticamente o único exemplo que serve a mesma função de aceitação implícita:

*INV: hat.

*CHI: a hat.

Roger raramente fala, mesmo nesta sessão avançada. Ele coopera através de poucas palavras como "chapéu", "camisa", "mãos" e "vaca", que coexistem com as actividades de brincar. Esta sessão tem a duração de uma hora. Apesar disso, Roger não mostra um desenvolvimento verbal como os outros rapazes. O Roger não é tão cooperante como os rapazes anteriores.

Criança Alvo: Sid

Sid: ¹ᵃ ᵀʳᵃⁿˢᶜʳⁱᶜ̧ᵃᵒ.

Durante cerca de duas horas de sessão, Sid mal pronuncia uma palavra com significado.

Sid: ^{2ª Transcrição}.

Nesta sessão de duas horas, o Sid raramente pronuncia uma palavra.

Sid: ^{3ª transcrição}.

*INV: é o Tony.
*CHI: olá.

Nesta sessão que dura cerca de uma hora e vinte e cinco minutos, o exemplo acima é quase a única contribuição verbal significativa detectada. Sid viola a relação e as máximas quantitativas de Grice para implicar que ele entende as palavras do investigador mas não é capaz de dizer "sim".

Sid: ^{4ª Transcrição}.

Exemplos de violação por parte de Sid das relações e máximas quantitativas através de meras repetições que implicam a sua aceitação:

*INV: e um cachorrinho.
*CHI: cachorrinho.
*INV: é o rapaz?
*CHI: boy.
*INV: é um mocinho?
*CHI: owie.
*INV: póneis?
*CHI: póneis.
*INV: é um menino e uma bicicleta?
*CHI: bicicleta.
*INV: &=gasp lá estão os ursos outra vez.
*CHI: bear.
*INV: bikes?
*CHI: bikes.
*INV: Estão a comer peixe dourado?
*CHI: peixe dourado.

*INV: eles haftamove.

*CHI: move.

*INV: está vazio.

*CHI: vazio.

*INV: você vê as aves voando?

*CHI: voar.

*INV: Podes dizer-lhe olá?

*CHI: olá.

*INV: Podes dizer olá?

*CHI: olá.

São exemplos da interacção verbal cooperativa da Sid através da resposta de acordo com o Princípio Cooperativo:

*INV: o que é isso?

*CHI: a [=? a] borboleta.

*INV: o pequeno cabo vermelho sempre veio

*CHI: last.

*INV: gasp o que é isso?

*CHI: bear.

*INV: gasp o que é isso?

CHI: autocarro.

*INV: o que você vê?

*CHI: autocarro e autocarro.

*INV: o que mais você vê?

*CHI: avião.

*INV: diga boa noite.

*CHI: boa noite.

*INV: gostaria de entrar e jantar?

*CHI: sim.

*INV: eles vão à escola?

*CHI: sim.

*INV: o que há lá dentro?

*CHI: computador.

*INV: o que é isto?

*CHI: elevador.

*INV: para que lado?

*CHI: por ali.

*INV: você vê a motocicleta?

*CHI: sim.

*INV: estás pronto para a hora do lanche?

*CHI: sim

A Sid coopera bem nesta sessão. Os seus dispositivos coesivos são as palavras que ecoam as do investigador ou que lhes respondem.

Secção Seis

Discussão

A parte de análise considera o contributo linguístico relativo a cinco crianças. A primeira criança, Carl, desenvolve as suas capacidades verbais à medida que as sessões prosseguem. As suas sessões posteriores comprovam a progressão do Carl em comparação com a sua primeira sessão. As sessões de treino do Carl são quatro. A primeira mostra a contribuição limitada do Carl. Mostra também o juízo errado do investigador em relação aos discursos de Carl. Espera-se que uma criança autista repita palavras e se abstenha de dar as respostas necessárias devido às suas perturbações verbais. Espera-se também que a primeira sessão do Carl não seja tão bem sucedida como nós desejamos. Entende-se também que Carl tem um longo caminho a percorrer para reagir verbalmente de forma satisfatória. No entanto, o investigador desempenha o seu trabalho de uma forma rotineira. Ele não oferece a Carl a gratificação linguística necessária. Deveria ter manifestado o seu apoio sempre que Carl proferisse uma resposta quase aceite. Qualquer exemplo de trabalho do Carl de acordo com o PC deveria ter sido aprovado e recompensado.

Pragmaticamente falando, as contribuições verbais globais de Carl nas suas quatro sessões demonstram algumas características comuns. Em primeiro lugar, ele emprega repetições para implicar um "sim". Em segundo lugar, ele mostra alguma dificuldade em dizer "sim" ou "não" e prefere que as repetições impliquem um "sim". Em terceiro lugar, normalmente viola as máximas de quantidade e relação. Esta violação deve-se à sua incapacidade de fornecer as informações necessárias e a resposta relevante. Em quarto lugar, Carl nunca desrespeita a máxima de qualidade. Isto é uma prova de que uma criança autista não mente ou não conta histórias. Em quinto lugar, ele nunca desrespeita a máxima de qualidade. Isto significa que as palavras de uma criança autistas são claras. Em sexto lugar, Carl mostra desenvolvimentos pragmáticos à medida que as sessões prosseguem, o que é evidente nos seus casos de observação das máximas de cooperação. Apesar disso, não lhe são feitas quaisquer observações positivas. A criança autista precisa, no entanto, de um reforço especial; não lhe é oferecido.

No que diz respeito à coesão discursiva, o principal dispositivo de coesão de Carl é a utilização de palavras que coexistem e giram em torno do mesmo tema. Embora ele utilize outros dispositivos coesivos de uma forma restrita, isto - na minha opinião - remonta à técnica do investigador. O investigador não oferece novos dispositivos coesivos nem encoraja a criança a repeti-los. Se o investigador tivesse utilizado mais dispositivos de coesão lexical e gramatical e estimulado a criança a repeti-los, Carl teria apresentado laços mais coesivos nos seus discursos.

O segundo filho, Josh, também tem quatro sessões. A contribuição verbal de Josh está muito atrasada em relação a Carl. Esta é uma prova de que as diferenças individuais entre as crianças autistas têm um efeito profundo nas suas competências linguísticas. Em consequência, o investigador deveria ter promovido Josh numa tentativa de obter mais cooperação na conversa. Josh assemelha-se a Carl ao violar as máximas de quantidade e relação para implicar o "sim". Ambas as crianças repetem palavras para implicar um "sim" pragmático, o que parece ser um fardo sobre as capacidades das crianças autistas. Os poucos exemplos em que Josh responde de acordo com as máximas de Grice deveriam ter sido reforçados por qualquer meio. O investigador deveria ter treinado a criança para dizer "sim" e recompensado a criança por isso.

Quanto à coesão discursiva de Josh, as palavras relacionadas com as actividades praticadas são o único dispositivo utilizado. Mais uma vez, este é um sinal do caso tardio de Josh. Carl é mais hábil na utilização de alguns dispositivos coesivos como referências e substituição. O investigador deveria ter exercido mais esforço e criado frases contendo outros dispositivos coesivos como sinónimos ou antónimos. Se se tivesse comportado dessa forma, Josh teria aprendido novas palavras e, consequentemente, tê-las-ia proferido.

A terceira criança, Mars, foi submetida a cinco sessões de formação linguística. Mars assemelha-se a Carl e Josh ao violar as máximas de quantidade e relação, de modo a implicar "sim". Mars acrescenta uma nova característica pragmática relacionada com o uso de palavras relacionadas com as actividades que o rodeiam. Palavras relacionadas com as actividades comuns são normalmente usadas por Carl e Josh para mostrar coesão discursiva. Marte usa estas palavras para servir a função pragmática do "sim". A cooperação linguística de Mars, tal como a de Josh, é mais atrasada do que a de Carl. O investigador trata Marte de uma forma não aceita. Marte deveria ter recebido algum apoio positivo sempre que proferiu uma única marca de cooperação pragmática. O investigador deveria ter envidado mais esforços para pressionar Marte a responder de acordo com as máximas de Grice. Ele deveria ter treinado Marte para dizer "sim" ou "não" e reforçado a criança sempre que esta cooperasse bem. O investigador deve ter-se concentrado no uso de palavras opostas, ligando palavras e outros dispositivos coesivos. Infelizmente, o investigador não reforça Marte nem o treina a usar as palavras apropriadas e dispositivos mais coesivos.

O quarto filho, Roger, tem quatro sessões. Como esperado, Roger viola as máximas de quantidade e de relação para implicar a sua aceitação das palavras do investigador. Ele também usa palavras relacionadas com a actividade comum para implicar "sim" ou "ok", uma coisa que nos faz lembrar a prática de Marte. Embora seja incapaz de agir de acordo com as máximas de Grice e dizer "sim/não", o investigador nunca lhe dá o devido feedback. O investigador deveria ter pronunciado a informação necessária, ter estimulado a criança a repeti-la e tê-la recompensado por isso.

O principal dispositivo de coesão de Roger é o uso de palavras comumente relacionadas. O caso de Roger é mais um caso atrasado. O seu desempenho é muito inferior ao das outras crianças. Apesar disso, o investigador não considera propor novos métodos que possam ajudar a obter a resposta necessária e a enriquecer os vocabulários da criança. Por exemplo, ele deveria ter repetido a resposta necessária, apoiado a criança para a expressar e valorizar a criança através de observações positivas. O investigador deve ter utilizado palavras sinónimas e outros dispositivos coesivos que possam facilitar a interacção.

O quinto filho, Sid, tem quatro sessões. Quase o mesmo padrão se repete. Sid viola a quantidade e as máximas de relação para implicar a sua aceitação. Ele também usa repetições que ecoam as palavras do investigador para implicar o seu "sim". O investigador não reforça o contributo cooperativo de Sid, nem treina a criança para expressar a informação necessária.

Quanto aos dispositivos coesivos de Sid, eles giram em torno de palavras relacionadas com a actividade actual. O investigador não tenta oferecer novos dispositivos de coesão para que a criança possa aprender palavras com os mesmos significados, palavras com significados opostos, ligando palavras e coisas semelhantes.

A discussão anterior torna evidente que a echolalia pode não ser apenas um sinal de perturbação psiquiátrica, pode ser um sinal da falta de conceitos e teorias pragmáticas e discursivas por parte do supervisor. O investigador repete a sua técnica com todos os cinco rapazes autistas. Atinge-os com afirmações que exigem uma resposta adequada. Devido às suas perturbações comunicativas, os rapazes não dão a contribuição informativa necessária. Em vez de os treinar para aprenderem a resposta necessária, o investigador passa para outra actividade relacionada. Sempre que a criança coopera na conversa, quer através da observação de máximas de Grice, quer violando-as, nunca é reforçada. O investigador nunca treina os rapazes a usar novas palavras relacionadas com as actividades praticadas. Nunca orienta a atenção dos rapazes para as relações de antónimos, gerais e específicos, parte e todo, o referido e a sua referência e outros meios de coesão discursiva. Embora os diversos meios de coesão discursiva ajudem a tornar a conversa mais fácil e suave, o investigador contorna quase todos os dispositivos de coesão, excepto as palavras relacionadas que co-ocorram em conjunto.

Este trabalho sugere que os especialistas que formam crianças autistas para comunicar devem estar bem informados em Pragmática e Análise Discursivo. A Pragmática clarifica o significado contextual e as formas de cooperação nas conversas. A informação pragmática diz-nos que a criança autistas coopera na conversa desde que dê uma resposta. A criança coopera quando profere a informação necessária. Ele também coopera quando viola uma máxima para implicar a informação necessária. Em ambos os casos, a criança deve ser reforçada. O investigador deve repetir a resposta adequada antes da criança e apoiar a criança a aprender a resposta necessária, relacionada e clara. A Análise do Discurso diz-nos que o investigador deve ser informado nas diversas chaves que facilitam o desenvolvimento do discurso, os dispositivos coesivos. Estes dispositivos garantem uma melhor recuperação dos elementos da linguagem, uma coisa necessária às crianças autistas.

As limitações deste estudo têm a ver com os dados de análise. Encontrar amostras do discurso autista não é conveniente. Pretendia recolher mais transcrições relacionadas com o discurso autista, mas não encontrei amostras mais adequadas. Eu queria gravar algumas sessões que aconteciam nos centros de ajuda às crianças autistas e transcrever essas gravações, no entanto, os pais recusaram o meu desejo de gravar qualquer sessão em que as suas crianças autistas estivessem envolvidas. Eu queria gravar as sessões que aconteciam no meu país, o Egipto, para poder comparar o discurso inglês e árabe do autismo. Infelizmente, o meu pedido foi recusado por quem estava autorizado a dar o direito de assistir ou gravar as sessões terapêuticas.

Sugiro que, no futuro, se preste atenção à análise do discurso autista com base numa comparação e num contraste entre casos de duas ou três línguas. Sugere-se que as amostras de discursos autistas sejam alargadas a análises multilingues.

Secção Sete

Conclusão

Esta investigação é sobre a comunicação verbal por crianças autistas. Discute o discurso autista sob dois ângulos: o do nível de observar ou violar o Princípio Cooperativo/máximos na interacção verbal autista e o da utilização de dispositivos coesivos do discurso. Echolalia, como sugere o seu nome, é o eco das palavras. É um sintoma de todas as crianças com autismo para repetir, ou para ecoar, palavras pronunciadas por outros. Esta investigação considera a echolalia como um sinal positivo de contribuição interactiva. As crianças mostram diferenças individuais nas suas práticas de desenvolvimento da echolalia. Carl, por exemplo, mostra mais interacção de desenvolvimento do que Roger. Apesar disso, todas as crianças repetem palavras proferidas pelo investigador de modo a implicar a sua aceitação da actividade expressa. Isto constitui uma violação das máximas da relação, porque a mera repetição não é a resposta necessária. É também uma violação da quantidade máxima, porque os rapazes não dão a informação exigida quando empregam repetição. A sua violação deve-se à sua incapacidade de se expressarem e de responderem de acordo com as máximas de cooperação, especialmente quando se trata de expressar uma aceitação ou uma negação das palavras do investigador. No entanto, o seu discurso repetitivo é um sinal positivo em si mesmo, porque pode permanecer em silêncio sem dizer uma palavra. Todas as instâncias do comportamento verbal das crianças estão quase incluídas na secção de análise. Para além destes casos, as crianças não mostram qualquer comunicação verbal significativa ao longo do período da sessão.

Exemplos de actos de cooperação realizados por crianças autistas dizem que estas crianças utilizam a repetição de artigos linguísticos como sinal da sua vontade de comunicar. Os rapazes não são suficientemente cooperantes para responder com sim/não às palavras do investigador, repetem a(s) palavra(s) aceite(s) ou desejada(s) e por vezes usam palavras relacionadas com o tema. Torna-se evidente que a repetição é recuperada com menos esforço do que a afirmação de um "sim" afirmativo. Todas as crianças violam a relação e as máximas quantitativas através da mesma estratégia: a da echolalia.

No que diz respeito aos dispositivos de coesão, todas as crianças se agarram ao tema iniciado pelo investigador, que é sempre sobre puzzles ou actividades quotidianas comuns. Ao fazê-lo, proferem palavras que estão ligadas a este tema, o que é considerado como um sinal de coesão. Poucos exemplos do uso de artigos e pronomes são detectados. Em geral, todos os dispositivos de coesão, excepto o uso de palavras que giram em torno do mesmo tópico, estão ausentes na comunicação autista.

Este estudo sugere que a repetição pode ser considerada como um sinal positivo e que a criança autista deseja cooperar na conversação, mas é incapaz de se conformar com o Princípio Cooperativo. Assim, esta mesma repetição deve ser recompensada, verbalmente, e ser tomada como um passo para avançar e treinar a criança a repetir e pronunciar um comentário ou expressar o seu desejo simplesmente dizendo sim/não antes de repetir. Isto irá treinar a criança a responder de acordo com as máximas de cooperação. Este estudo sugere também que o investigador deve utilizar vários dispositivos de coesão, especialmente sinonímia e antonímia, que estão de alguma forma relacionados com a echolalia e são de fácil compreensão. Estes dispositivos podem ser mais fáceis de aplicar pelas crianças autistas. O uso de itens semelhantes ou opostos ajuda a criança a praticar mais palavras e a desenvolver competências linguísticas.

Referências

Akmajian, A., Demers, R.A., Farmer, A. e Harnish, R.M. (2001). *Linguística: Uma introdução à língua e à comunicação.* (5^a ed.). Cambridge e Londres: the MIT Press.

Allen, J. P.B & Corder, S. Pit. (1974). *Papers in applied linguistics.* (Volume 2). Oxford: Imprensa universitária.

Barzilay, R. & Elhadad, M. (1999). Utilização de cadeias lexicais para sumarização de textos. Em I. Mani & M. T. Maybury (Eds.), Avanços *na sumarização automática de texto.* Cambridge, MA: MIT Press.

Brown, G. & Yule, G. (1983). *Análise do discurso.* Cambridge: Cambridge University Press.

Cabley, P. (2001). *The routledge companion to semiotics and linguistics.* Londres e Nova Iorque: Routledge

Carter, R. (1993). *Introducing applied linguistics (Introdução da linguística aplicada).* Harlow: Penguin.

Chouliaraki, L. & Fairclough, N. (1999). *Discurso na modernidade tardia. Rethinking critical discourse analysis (Repensando a análise crítica do discurso).* Edimburgo: Edimburgo: Edinburgh University Press.

Cook, G. (1989). *Discurso.* Oxford: Imprensa Universitária.

Crystal, D. (2003). *A Dictionary of linguistics and phonetics (Dicionário de linguística e fonética).* (5^a ed.). Black- well Publishing.

Delahunty, G. P. e Gravey, J. J. (1994). *Language, grammar& communication. Um curso para professores de inglês.* Biblioteca do Congresso: Mc Craw- Hill, Inc. (1994).

Downes, W. (1998). *Language and society.* Segunda edição. Cambridge: Imprensa da Universidade de Cambridge.

Fairclough, N. (1989). *Linguagem e poder*. Londres: Longman.

Finch, G. (2000). *Termos e conceitos lingüísticos*. Macmillan Press LTD.

Muito bem, J. (ed). (1988). The Place of Discourse in Second Language study, in Second Language Discourse: Um livro de texto de investigação actual. Na série "*Avanços no Processo Discursivo*". Ablex Publishing Corporation Norwood.

Goutsos, D. (1997). *Modelling discourse topic: sequential relations and strategies in expository text*. Norwood, NJ: Ablex.

Grice, H.P. (1975). Logic and conversation, em P. Cole & J.L. Morgan (Eds.), Syntax *and semantics*. Nova Iorque: Imprensa Académica.

Hagan,K. D. P. (2017). *Discursos de avaliação e diagnóstico do autismo*. Disponível em https://oro.open.ac.uk/55623/1/Redacted%20Hagan%20PhD%20Thesis%20Autism%20Discourses%202017.pdf

Halliday, M. A. K. (1985). *Uma introdução à gramática funcional*. Londres: Arnold.

Halliday, M. & Hasan, R. (1976). *Cohesion in English (Coesão em inglês)*. Londres: Longman.

Halliday, M. A. K. & Matthiessen, C. M. I. M. (2004). *Uma introdução à gramática funcional* (3ª ed.). Londres: Arnold.

Harmer, J. (2004). *Como ensinar a escrever*. Pearson Educated Limited.

Hasan, R. (1984). Coerência e harmonia coesiva. Em J. Flood (Ed.), *Compreender a compreensão da leitura: Cognição, linguagem e estrutura da prosa* (pp. 181-219). Newark, DE: International Reading Association.

Hatim, B. e Mason, I. (1990). *Discurso e o tradutor*. Londres e Nova Iorque: Longman.

Helland, W.E. &Helland, T. (2017). *Necessidades emocionais e comportamentais em crianças com deficiências linguísticas específicas e em crianças com perturbações do espectro do autismo: A importância de uma deficiência linguística pragmática.* Disponível em https://www.sciencedirect.com.

Hoey, M. (1991). *Patterns of lexis in text.* Oxford: Oxford University Press.

Hofmann, Th. R. (1993). *Reinos de significado. Uma introdução à semântica.* Londres e Nova Iorque: Longman.

Hutchby, I. & Woofitt, R. (1998). *Conversation analysis.* REINO UNIDO: Polity Press. EUA: Black well Publishers Inc.; Woofitt, R. (1998).

Jonestone, B. (2002). *Análise do discurso.* EUA E REINO UNIDO: Blackwell Publishers.

Kearns, K. (2000). *Semântica.* Macmillan Press LTD.

Levinson, S. C. (1983). *Pragmática.* Cambridge: Imprensa da Universidade de Cambridge.

Loukusa, S., Makinen, L., Gauffin, S., Ebeling, H., e Leinonen, E. (2018). *Avaliação das capacidades de inferência sócio-pragmática em crianças com perturbações do espectro do autismo.* Disponível em https://www.sciencedirect.com/science/article/pii/S0021992417300229.

Lowry, L. (2016). *3 Coisas que você deve saber sobre a echolalia.* Disponível em http://www.hanen.org/Helpful-Info/Articles/3-Things-You-Should-Know-About-Echolalia.aspx.

Lião. (1981). *Significado e Contexto da Língua.* Londres: Fontana.

Lyons, J. (1995). *Linguistic semantics. An Introduction.* Cambridge: Imprensa da Universidade de Cambridge.

Lyons, J. (1996). *Linguistic semantics. Uma introdução.* Cambridge: Imprensa da Universidade de Cambridge.

Maciejewska, E. (2019). *Discourse analysis as a tool for uncovering strengths in communicative practices of autistic individuals*. Disponível em https://journals.sagepub.com/doi/full/10.1177/1461445619829237

Martin, J. R. (1992). *Texto em inglês. Sistema e estrutura*. Amesterdão: Benjamins

McCarthy, M. (1991). *Discourse Analysis for Language Teachers (Análise do Discurso para Professores de Línguas)*. Cambridge University Press.

McCarthy, M. (2001). *Issues in applied linguistics*. Cambridge University Press.

Potter, J. & Wetherell, M. (1988). *Accomplishing attitudes: fact and evaluation in racist discourse (atitudes realizadoras: factos e avaliação no discurso racista)*. Texto, 8, 51-68. Obtido em http://www./boro.ac.uk/department/ss/depstaff/staff/bio/JPpages/Richardson %20handbook%20Chapter%20for%20web.htm

Renkema, J. (1993). *Discourse Studies (Estudos Discursivos)*. Amsterdam: John Benjamins.

Rollins, P. R., & Snow, C. E. (1998). *Shared attention and grammatical development in typical children and children with autism*. Journal of Child Language, 25(3), 653-673.

Rollins, P. R. , Wambacq, I., Dowell, D., Mathews, L., & Reese, P. B. (1998). *An intervention technique for children with autistic spectrum disorder: Rotinas de atenção conjunta*. Journal of Communication Disorders, 31(2), 181-193.

Rollins P. R. (1999). *Realizações pragmáticas e desenvolvimento de vocabulário em crianças em idade pré-escolar com autismo*. American Journal of Speech-Language Pathology: A Journal of Clinical Practice, *8*, 85-94.

Salki, R. (1995). *Análise do texto e do discurso*. Londres e Nova Iorque: Routledge.

Schiffrin, D. (1994). *Abordagens ao discurso*. MA: Blackwell Publishers.

Silber, H. G. & McCoy, K. F. (2002). *Cadeias lexicais calculadas eficientemente como uma representação intermediária para sumarização automática do texto*. Linguística Computacional 28(4), 487-496.

Tager- Flusberg, H., Paul, R, & Lord, C. (2005). Linguagem e Comunicação no Autismo. Em Fred R. Volkmar Rhea Paul Ami Klin & Donald Cohen (Ed.), Handbook *of autism and pervasive developmental disorders, Volume* 1, Terceira Edição. John Wiley& Sons, Inc. (Ed.), Handbook of autism and pervasive developmental disorders, Volume 1, Terceira Edição.

Tager-Flusberg, H. &Anderson, N. (1991). *The development of contingent discourse ability in autistic children*. Disponível em https://onlinelibrary.wiley.com/doi/abs/10.1111/j.1469-7610.1991.tb00353.x

Tanskanen S. K. (2006). *Colaboração com vista à coerência: A coesão lexical no discurso inglês*. Amesterdão, Países Baixos: John Benjamins.

Thomas, J. (1995). *Significado na interacção: uma introdução ao pragmatismo*. Londres e Nova Iorque: Longman.

Weiyun He, A. (2003). Análise do discurso. Em M. Aronoff & J. Rees. Miller (Eds.), *The handbook of linguistics*. Blackwell Publishers.

Yule, G. (1996). *Pragmática*. Oxford: Imprensa universitária.

I want morebooks!

Buy your books fast and straightforward online - at one of world's fastest growing online book stores! Environmentally sound due to Print-on-Demand technologies.

Buy your books online at
www.morebooks.shop

Compre os seus livros mais rápido e diretamente na internet, em uma das livrarias on-line com o maior crescimento no mundo! Produção que protege o meio ambiente através das tecnologias de impressão sob demanda.

Compre os seus livros on-line em
www.morebooks.shop

KS OmniScriptum Publishing
Brivibas gatve 197
LV-1039 Riga, Latvia
Telefax: +371 686 204 55

info@omniscriptum.com
www.omniscriptum.com

Printed by Books on Demand GmbH, Norderstedt / Germany